MICHAEL BORDT SJ

Was in Krisen zählt

4. Auflage 2013
ISBN 978-3-89883-243-4

Umschlaggestaltung & Innenlayout: Georg Feigl
Herstellung: Karin Kotzur, Peter Karg-Cordes
Lithografie: Christine Rühmer
Druck und Bindung:
GGP Media GmbH, Pößneck

www.zsverlag.de

MICHAEL BORDT SJ

Was in Krisen zählt

Wie Leben gelingen kann

Die Antworten eines Jesuiten
auf die Fragen,
die wir uns jetzt stellen

ZABERT
SANDMANN

Zum Autor

Michael Bordt SJ studierte Theologie und Philosophie und trat mit 28 in den Jesuitenorden ein. Nach seiner Promotion an der Universität Oxford über Freundschaft, Liebe und Sexualität bei Platon und einem Forschungsaufenthalt in Princeton habilitierte er sich an der Universität Fribourg über Platons Theologie. Seit 1996 arbeitet er an der Hochschule für Philosophie in München als Professor für philosophische Anthropologie, Ästhetik und Antike Philosophie. Seit 2005 ist er Rektor der Hochschule. Neben seinen Kerntätigkeiten gibt er Workshops für Führungskräfte, die um Fragen von Werten, Spiritualität und dem geglückten Leben kreisen, und in der Tradition des Jesuitenordens Meditationskurse, die eine kontemplative und spirituelle Lebenshaltung einüben wollen.

*»Es ist besser, ein unzufriedener Mensch zu sein
als ein zufriedenes Schwein.«*

John Stuart Mill

Inhalt

Vorwort

Vor gut zwei Jahren, Anfang 2009, habe ich dieses Buch geschrieben. Der unmittelbare Anlass war der Ausbruch der Finanz- und Wirtschaftskrise. Ich wollte einen Beitrag zu der Diskussion darüber leisten, wie es zu dieser Krise kommen konnte – freilich nicht aus der Sicht eines Wirtschaftswissenschaftlers, denn der bin ich nicht, sondern aus der eines Philosophen und Jesuiten.

Ich bin davon überzeugt, dass es auch deshalb zu dieser Krise kam, weil Menschen vergessen haben, auf was es im Leben eigentlich ankommt. Anders gesagt: weil sie in falschen Bildern vom glücklichen Leben gefangen sind. Weil Menschen sich von Dingen ihr Glück versprechen, die nicht glücklich machen.

Die Finanz- und Wirtschaftskrise und ihre unmittelbaren Folgen sind glücklicherweise erst einmal überstanden. Wirtschaftlich geht es vielen von uns gut, und die meisten Menschen haben einen Arbeitsplatz.

Alles bestens also? Kein Grund zur Sorge mehr?

Ob die während der Finanzkrise aufgenommenen Schulden noch einmal der Stabilität unserer Währung gefährlich werden, ist heute unklar. Von manchen Erschütterungen der letzten Zeit – Überschwemmungen in Australien oder Revolutionen in Nordafrika – sind die meisten von uns nicht direkt betroffen. Andere aber, von den bestürzenden Berichten über systematischen Kindesmissbrauch in katholischen Institutionen – und nicht nur in diesen – bis zur Affäre um Karl-Theodor zu Guttenbergs Plagiat, machen die Orientierungslosigkeit in breiten Teilen der Politik, der Gesellschaft und auch der Kirche sichtbar. Vor allem aber das verheerende Erdbeben in Japan mit seinen zerstörerischen Folgen stellt uns vor tiefgreifende Fragen. Fragen, die an die Fragilität unserer eigenen Existenz rühren: Wie würden wir weiterleben, wenn wir alles verloren hätten? Wenn vom einen auf den anderen Augenblick nichts mehr so wäre, wie es einmal war?

Verfügen wir über innere Kräfte und geistige Ressourcen, die uns Orientierung in persönlichen und gesellschaftlichen Krisen geben? Was könnten wir der Zerstörung unseres Alltags entgegensetzen?

Was in Krisen zählt, zählt auch sonst im Leben. Krisen sind Zeiten, in denen die Orientierung schwerer fällt, weil aufgrund eines erhöhten Handlungsdrucks und wachsender Komplexität die Klarheit und Sicherheit in der eigenen Gedanken- und Gefühlswelt gestört ist. In solchen Zeiten stehen Entscheidungen auf unsicherem Grund und belasten uns daher mehr.

Zwei Fragen sollten wir uns dann stellen: Was für unmittelbare Maßnahmen müssen wir ganz konkret ergreifen, damit die Krise nicht zur Katastrophe wird, sondern wir im Gegenteil die Chance, die in jeder Krise steckt, nutzen können? Und: Welche ist die richtige Grundorientierung – für das eigene Leben und für das Zusammenleben in einer Gesellschaft?

Diese Grundorientierung ist wie ein Kompass. Wenn der Kompass nicht richtig eingenordet ist, wird man keinen gangbaren Weg aus einem Dschungel finden. Wenn unklar ist, was im Leben zählt, dann fehlt jeder einzelnen Entscheidung das Fundament.

Zu dieser Grundorientierung möchte dieses Buch verhelfen. Dass es auch von Führungskräften der Wirtschaft so positiv aufgenommen worden ist, hat mich besonders gefreut. Die vielen Gespräche, Vorträge und Workshops, die seitdem rund um die Themen dieses Buches stattfanden, haben mich ermutigt, ein Institut für Philosophie und Leadership an der Hochschule für Philosophie in München zu gründen, das sich nicht nur in Forschung und Lehre mit Themen verantwortungsvoller Leadershipausbildung beschäftigen wird, sondern vor allem auch ein Gesprächsangebot für Führungskräfte machen möchte. Unter anderem von ihnen erwartet man, dass sie in Krisen Orientierung bieten. Ich bin davon überzeugt, dass sowohl die abendländische Philosophie als auch die jahrhundertealte Tradition des Jesuitenordens dazu wichtige Impulse geben können. Aber lesen Sie selbst ...

Krisen und Neuanfang

Eine der beeindruckendsten Silvesterfeiern war die Silvesternacht der Wende zum dritten Jahrtausend. Trotz aller Unsicherheit darüber, was die Zukunft bringen würde: Man konnte eine Hoffnung mit Händen greifen. Die Hoffnung, dass mit dem Kalenderwechsel ins neue Millenium auch ein neues Zeitalter anbricht. Eine friedlichere, freiere und glücklichere Zeit. Von jetzt an, so dachten viele, würde alles irgendwie besser werden.

Nichts ist besser geworden. Nur selten hat es in der Geschichte der Menschheit knappe zehn Jahre gegeben, in denen so deutlich geworden ist, wie bedroht wir Menschen sind – oder besser gesagt, in welchem Maße wir selbst die Grundlagen unseres eigenen Lebens bedrohen. Vor allem drei Krisen erschüttern uns: Der internationale Terrorismus, die mögliche Klimakatastrophe und der immer weiter um sich greifende Zusammenbruch der Finanzmärkte mit seinen Auswirkungen auf die Weltwirtschaft. Die drei Krisen stellen die Grundfeste unserer Gesellschaft, Politik, Wirtschaft und Kultur infrage.

Krisen fallen nicht vom Himmel. Auch diese drei Krisen haben ihre Wurzeln in der Vergangenheit. Sie lassen uns einiges, was in den letzten Jahrzehnten geschehen ist, in einem neuen und anderen Licht sehen. Der internationale Terrorismus macht deutlich, wie Amerika und die restliche westliche Zivilisation in anderen Teilen der Welt wahrgenommen werden: als machtversessen und rücksichtslos. Sind wir so? Stimmt diese Wahrnehmung? Hat die »westliche Welt« tatsächlich imperialistische, politisch und wirtschaftlich ungerechte Strukturen geschaffen, die nun ihrerseits zu einer Brutstätte für den Terrorismus und ein terroristisches Umfeld geworden sind?

Der Klimawandel, soweit er von uns Menschen verursacht wurde, zeigt, dass der ungeheure Wirtschaftsaufschwung vor allem in der zweiten Hälfte des letzten Jahrhunderts einen hohen Preis gekostet hat und weiter kosten wird. Können wir den Klimawandel, der Teile unseres gesamten Planeten bedroht, noch stoppen? Viele Experten sagen Ja! Die entscheidende Frage ist aber doch, ob wir tatsächlich den politischen und ökonomischen Willen haben, ihn aufzuhalten.

Auf was werden wir künftig verzichten müssen, wenn wir eine lebenswerte Zukunft für alle Menschen wollen? Und wird der industrialisierten Welt, die den Klimawandel maßgeblich verursacht, dieser Preis vielleicht zunächst zu hoch sein? Und wie würde es dann weitergehen?

Die Krise der Finanzmärkte macht erschreckend deutlich, dass die Möglichkeit zu schnellem und immer höherem Gewinn, der ja nicht nur von vereinzelten besonders gierigen Managern, sondern auch von allen Aktionären freudig begrüßt wurde, nicht ohne einen grässlichen Kater am Morgen danach zu haben gewesen ist. Was die Finanzmarktkrise und ihre Folgen für die reale Wirtschaft noch alles bedeuten werden, kann im Moment noch niemand absehen. Doch schon jetzt haben nicht wenige Menschen Teile ihres Vermögens verloren. Ein Blick in die USA zeigt, dass dort der Zusammenbruch der Banken bereits sehr konkrete Auswirkungen hat und es durchaus möglich ist, dass auch wir in eine schwere Wirtschaftskrise geraten werden. Wie soll es jetzt weitergehen? Was werden die nächsten Jahre bringen?

Natürlich mangelt es in Krisenzeiten nicht an gut gemeinten Appellen von den verschiedensten Seiten: Man müsse den Gürtel enger schnallen, besondere Anstrengungen seien jetzt vonnöten, man müsse sich endlich wieder auf die Moral und die soziale Verantwortung besinnen, ein Ruck müsse durch das Land gehen. Es ist immer dasselbe. In Krisenzeiten haben Mahner, Moralisten und diejenigen, die es immer schon besser gewusst und kommen gesehen haben, Oberwasser.

Ich glaube nicht an Moralisten und ihre Appelle. Moralisten rütteln bestenfalls auf, aber ihr Pathos verhallt nur allzu oft in den Kolumnen großer Tageszeitungen. Moralisten motivieren nicht. Natürlich fordern uns Krisen zu einer Reaktion heraus, aber mit einem pathetischen oder verzweifelten Hinweis auf Verantwortung und Moral oder mit mahnenden Appellen ist es nicht getan. Doch welche Reaktion ist sinnvoll, wenn wir einsehen, dass wir nicht einfach so weitermachen können wie bisher?

Ein erster, mittlerweile schon populärer Hinweis auf die Reaktion kann aus der chinesischen Sprache kommen. Das chinesische Wort für »Krise« ist mit dem Wort für »Chance« eng verwandt. Beide Begriffe bestehen aus zwei Schriftzeichen, von denen sie eins gemeinsam haben. Dahinter steckt wohl die Einsicht, dass Krisen und Chancen zusammengehören. Krisen sind zugleich auch Chancen, die uns herausfordern. Krisen wollen gestaltet werden. Jede Krise, sei sie nun privater, politischer, wirtschaftlicher oder kultureller Natur, ist deswegen auch immer eine Chance zu einem Neuanfang.

Auch ein Blick auf das klassische Griechisch hilft weiter. Das Wort Krise lässt sich vom griechischen »krisis« ableiten, das »Unterscheidung« bedeutet. Eine Krise ist demnach also eine Zeit für eine Unterscheidung, die zum Ziel hat, auf das, was schlecht ist und sich nicht bewährt hat, zu verzichten und stattdessen das Gute aufzugreifen und die Krise als Chance zur Veränderung zu nutzen. Aber, so möchte man doch fragen, wofür sind die drei globalen Krisen denn eine Chance? Wohin sollen wir uns verändern?

Die philosophische Perspektive

Zu der Frage, wie die Krise des politischen Terrorismus sowie die Klima- und die Finanzkrise strukturell, politisch oder auch wirtschaftlich überwunden werden können, habe ich nichts zu sagen. Ich bin weder Politologe noch Klimaforscher noch Wirtschaftswissenschaftler. Ich bin Philosoph, und als Philosoph hat man einen etwas anderen Blick, eine etwas andere Perspektive auf diese drei Krisen. Dieser Blick ist durch eine Diskussion geschärft, die so alt ist wie die Philosophie selbst: die Diskussion darüber, worin das geglückte, gelungene Leben eigentlich besteht. Wie werde ich glücklich? Was ist der Sinn meines Lebens? Wie kann mein Leben gelingen?

Wenn man mit einem philosophischen Blick an die drei Krisen herangeht, dann drängt sich schnell eine Vermutung auf. Die Vermutung, dass es eine gemeinsame Wurzel der Krisen gibt und dass diese Wurzel damit zu tun hat, dass Menschen vergessen haben, was im Leben eigentlich wirklich zählt. Die Chance, die den drei Krisen innewohnt, besteht darin, sich erneut und ernsthaft die Frage zu stellen, was im Leben tatsächlich von Relevanz und Wichtigkeit ist. Was macht uns Menschen tatsächlich glücklich und zufrieden? Was sollten wir tun, und was sollten wir lieber lassen, wenn unser Leben gelingen soll? Es ist diese Frage, die ich auf den kommenden Seiten ein wenig vertiefen möchte.

Auf den ersten Blick scheint es zu simpel zu sein, mit einer solchen Fragestellung wie mit einem Scheinwerfer an die drei Krisen heranzugehen. Schließlich sind diese Krisen hochkomplex. Denn sie haben auch strukturelle und politische Ursachen. Trotzdem: Allein die Tatsache, dass eine Fragestellung einseitig ist, macht sie noch lange nicht falsch. Die Frage ist, ob die Perspektive produktiv und hilfreich ist, um die Chancen, die in den Krisen stecken, zu erkennen und zu nutzen, und ob der Blickwinkel auf diese Weise ein sinnvoller Baustein in einem ganzen Mosaik von Lösungsansätzen sein kann, die sich gegenseitig befruchten.

Aus philosophischer Sicht ergibt sich, dass der Terrorismus, der Klimawandel und die Finanzkrise Chancen dafür sind, mehr Kompetenz darin zu erwerben, etwas zu erreichen, was den meisten Menschen in unserem Land so offensichtlich fehlt: Zufriedenheit mit dem eigenen Leben. Es ist ja bei Weitem nicht so, dass wir bisher mit unserem Leben eigentlich vollkommen zufrieden und glücklich gewesen wären und diese drei Krisen jetzt von einem Tag auf den anderen unser Glück ernsthaft bedrohen. Wer schon einmal die Gelegenheit hatte, ärmere Länder zu bereisen, und sich dort nicht in Touristenghettos abgeschottet, sondern mit Menschen zu tun gehabt hat, deren Lebensgrundlagen weit unsicherer sind als die unseren, der wird die Erfahrung gemacht haben, dass diese Menschen trotz ihres harten Alltags oft so viel froher, gelöster und natürlicher sind als wir hier in Deutschland – vorausgesetzt natürlich, sie sind in der Lage, ihre Grundbedürfnisse zu befriedigen. Woran liegt das? Was ist es, das uns zum Glück fehlt? Orientieren wir uns in unserem Leben tatsächlich noch an den Dingen, die wirklich wichtig sind, oder haben wir diese schon längst aus den Augen verloren?

Zurück zu Werten?

In Krisenzeiten wird oft und gerne behauptet, dass es zur Krise überhaupt nur kommen konnte, weil sich einzelne Menschen oder ganze Gesellschaften nicht mehr an Werten orientiert haben. Aber stimmt das eigentlich?

Zunächst einmal gilt es festzuhalten: Jeder Mensch hat viele Werte, die sein Leben durch und durch bestimmen. Denn zunächst einmal sind Werte nichts anderes als das, was jemand wertvoll findet. Jeder von uns hat viele Werte, weil alles, was für uns wichtig ist, was wir schätzen, was wir möchten, wünschen und ersehnen, einen Wert für uns hat, also wertvoll für uns ist. Diese Werte können natürlich sehr unterschiedlich oder sogar gegensätzlich sein. Der eine legt Wert darauf, am Wochenende bis in die Morgenstunden zu feiern, der andere, möglichst viel Ruhe zu haben. Manch einer hält Gesundheit und ein möglichst langes Leben für einen besonders wichtigen Wert. Ein anderer hingegen lebt nach der Devise: »Lieber verglühen als verdorren«, und stürzt sich ohne Rücksicht auf Verluste ins pralle Leben, denn für ihn ist die Intensität des Lebens, nicht dessen Dauer ein Wert. Für manche Menschen sind tiefe, persönliche Beziehungen das, worauf es ihnen im Leben ankommt, für andere Menschen zählt vor allem ihr Erfolg im Beruf.

Werte prägen unser gesamtes Leben. Alle Entscheidungen, die wir treffen, orientieren sich an den Werten, die wir haben. Ob wir beispielsweise zum Frühstück jeden Morgen Müsli mit frischem Obst oder Spiegeleier mit Speck essen, hängt auch davon ab, welchen Wert unsere Gesundheit für uns hat. Ob wir uns nach der Arbeit im Fitnessstudio mit Work-out und gesunden Fruchtdrinks oder zu Hause vor dem Fernseher mit einem kühlen Bier entspannen, ist auch davon abhängig, wie wichtig uns unser Aussehen und unsere körperliche Verfassung sind. Ob jemand am Wochenende durcharbeitet oder die Zeit mit seiner Familie verbringt, daran lässt sich im Normalfall ablesen, ob er dem Familienleben oder dem beruflichen Erfolg einen größeren Wert beimisst.

Es ist nicht immer einfach, sich selbst darüber klar zu werden, was einem eigentlich im Leben wichtig ist und welche Werte und Ziele man in seinem Leben verfolgt. Manchmal spielt man sich selbst einen Streich. Beispielsweise denken wir, dass für uns Gesundheit und Disziplin wichtige Werte sind, aber können uns einfach nicht aufraffen, draußen einen Spaziergang zu machen oder gar joggen zu gehen. Wir meinen, Ehrlichkeit sei ein wichtiger Wert, aber ertappen uns trotzdem immer wieder dabei, dass wir übertreiben oder lügen, wenn es für uns einfacher oder vorteilhafter ist. Solche Spannungen treten im Leben immer dann auf, wenn wir zwar auf der einen Seite einsehen, dass es gut wäre, nach bestimmten Werten wie Gesundheit oder Ehrlichkeit zu leben, auf der anderen Seite aber im tiefsten Innern doch ganz andere Werte favorisieren. In Zweifelsfällen ist uns dann unsere Bequemlichkeit eben doch am nächsten und am wertvollsten. Was uns wirklich wichtig ist und welche Werte wir tatsächlich vertreten, zeigt sich nicht daran, wie wir über Werte reden, sondern daran, was wir tun.

Richtige Werte

Die Frage ist also nicht, ob wir oder ob wir keine Werte haben. Der gerade in Krisenzeiten oft zu hörende Ruf, wir müssten wieder zu Werten zurückkehren, greift zu kurz. Dennoch hat die Frage, wie wir auf die drei Krisen reagieren und ob wir sie als Chance nutzen können, viel mit unseren Werten zu tun. Die entscheidende Frage ist aber nicht, ob wir überhaupt Werte haben, sondern ob wir die richtigen Werte haben.

Aber wie kann man das nachprüfen? Was sind richtige und was sind falsche Werte? Wenn man von richtigen und falschen Werten spricht, dann klingt das leicht besserwisserisch oder gar moralisch. Aber so ist es hier nicht gemeint. Es ist ganz simpel: Ein Wert ist dann richtig, wenn er das hält, was wir uns von ihm versprechen. Wir halten ja nicht ohne Grund manche Dinge für wertvoll und wichtig. Wenn es für uns ein Wert ist, sonntags lange auszuschlafen oder gesund zu sein, dann deshalb, weil wir denken, dass es uns in unserem Leben besser geht, wenn wir wenigstens einmal in der Woche ausschlafen können oder wenn wir gesund sind. Wenn Erfolg im Beruf für uns ein Wert ist, dann deswegen, weil wir der Meinung sind, dass wir in unserem Leben glücklicher und zufriedener sind, wenn wir beruflich erfolgreich sind.

Wir halten also Dinge für wertvoll, weil wir uns etwas von ihnen versprechen. Wir versprechen uns von ihnen, dass sie uns glücklicher und zufriedener im Leben machen. Richtig ist ein Wert dann, wenn er das hält, was er verspricht: Er macht uns im Leben wirklich glücklicher und zufriedener.

Aber genau hier steckt der Teufel im Detail. In diesem Punkt können wir uns nämlich leicht täuschen. Wir können uns irren und Dinge für wertvoll halten, die eigentlich gar nicht wertvoll sind. Ein solcher Irrtum hat zumeist fatale Folgen, denn er ist nicht nur einfach ein theoretischer Fehler, den wir machen, sondern zieht unmittelbar praktische Konsequenzen nach sich. Wir meinen dann nämlich, dass Dinge für unser Glück eine Bedeutung haben, die im besten Fall bedeutungslos sind, uns in vielen Fällen aber sogar unglücklicher machen können. Und wir handeln entsprechend und laufen damit in unser eigenes Verderben. Man muss nicht immer das Beispiel vom

Unglück anführen, das so manchen Lottogewinner nach einer kurzen Zeit der Euphorie überfällt, doch an solchen Geschichten wird besonders deutlich, dass wir etwas wertvoll finden können, weil wir meinen, dadurch glücklicher zu werden – und uns darin irren. So fantastisch ein millionenschwerer Lottogewinn auf den ersten Blick auch scheinen mag, für viele Menschen wird das Leben dadurch nicht leichter, freier und glücklicher, wie sie es erwartet haben, sondern eher komplizierter und schwieriger.

Ob wir in unserem Leben glücklich und zufrieden sind, hängt also nicht nur davon ab, ob wir das, was wir persönlich wertvoll finden, in unserem Leben auch tatsächlich erreichen und verwirklichen können, sondern vor allem auch davon, ob wir die richtigen Dinge wertvoll finden, und das heißt, ob wir nach den Werten leben, die uns auch tatsächlich glücklich machen können. Und wenn sich die allermeisten Philosophen in einer Sache einig sind (und das kommt selten vor!), dann darin, dass uns viele Dinge, von denen wir uns unser Lebensglück versprechen und erhoffen, im Grunde enttäuschen und uns nicht glücklich machen.

Was alles nicht zählt

Auch wenn Philosophen oft im Verdacht stehen, ein Leben abgeschottet im Elfenbeinturm zu führen, so gehört die Philosophie doch eigentlich unter die Menschen auf den Marktplatz. Dort jedenfalls hat Sokrates philosophiert. Dort hat er sich eingemischt und die Menschen mit ihren Überzeugungen davon, was richtig und was falsch sei, infrage gestellt. Damit hat er sie herausgefordert und provoziert. Viele Mitbürger fanden seine Fragen und Kritik zersetzend, weil er die lieb gewordenen Selbstverständlichkeiten seiner Mitbürger infrage stellte. Aber Sokrates kam es nicht darauf an, Menschen zu kritisieren, um sie unglücklich zu machen. Ganz im Gegenteil: Sokrates war davon überzeugt, dass die Menschen nicht wirklich wussten, was im Leben tatsächlich zählt. Und wenn man nicht weiß, wie man so leben soll, dass man glücklich wird, dann ist es nur eine Frage des Zufalls, ob man mit seinem Leben zufrieden wird oder nicht. Anders gesagt: Wenn man weiß, was einen tatsächlich glücklich macht, dann kann man bewusst ganz konkrete Schritte auf dem Weg hin zum eigenen Glück gehen. Deswegen ist es so entscheidend, sich Gedanken darüber zu machen, was tatsächlich wichtig ist und zum Glück führt. Nur aus diesem Grund hat Sokrates die Meinungen der Menschen infrage gestellt. Sie sollten aufwachen aus ihren falschen Glücks- und Wertvorstellungen, um wirklich glücklich zu werden. Durch seine Kritik an den falschen Vorstellungen vom glücklichen, gelungenen Leben sollte deutlich werden, worin das gelungene Leben eigentlich besteht. Sokrates war der Überzeugung, dass ein ungeprüftes und nicht hinterfragtes Leben gar nicht lebenswert ist, weil ein ungeprüftes Leben uns Menschen nicht glücklich machen kann. Wir müssen über unser Leben nachdenken, wenn wir das Glück nicht einfach dem Zufall überlassen wollen. Aber was ist es nun, das uns wirklich glücklich macht? Worin besteht das gelungene Leben?

Natürlich ist jede Antwort auf diese Fragen auch sehr persönlich gefärbt. Was wir tun oder erreichen müssen, um glücklich zu werden, hängt zum Teil auch von sehr persönlichen Vorlieben,

Talenten und Fähigkeiten ab. Auch unsere individuellen Grenzen spielen eine Rolle. Trotzdem sind die meisten Philosophen seit Sokrates bis auf den heutigen Tag davon überzeugt, dass die letzten und tiefsten Antworten auf die Frage nach dem geglückten und gelungenen Leben nicht nur individuell und persönlich sind. Sie sind darüber hinaus auch richtig und falsch. Philosophen sind davon überzeugt, dass es tatsächlich objektive Maßstäbe und Kriterien dafür gibt, ob die Vorstellungen richtig sind, die sich jemand von dem eigenen glücklichen Leben macht, ob uns also das, von dem wir vermuten, dass es uns zu einem glücklichen, gelungenen Leben führt, auch tatsächlich glücklich machen kann.

Unter dem philosophischen Scheinwerfer ergibt sich damit für den Blick auf die aktuelle Situation folgende Vermutung: Die drei großen Krisen des Terrorismus, des Klimawandels und der Finanzwirtschaft zeigen, dass Menschen lange in falschen Bildern vom glücklichen, gelungenen Leben gefangen waren oder noch gefangen sind. Diese Vorstellungen sind falsch, weil sie uns vorgegaukelt haben – und es noch immer tun –, wir würden tatsächlich glücklich und zufrieden sein, wenn unser Leben nur ihnen entspräche. Um wirklich mit unserem Leben zufrieden zu werden, sollten wir uns von diesen Bildern frei machen. Wir müssen sie als falsche Bilder entlarven, uns von ihnen und ihrer Kraft, die sie über uns haben, befreien und sie hinter uns lassen. Denn falsche Bilder leiten uns nicht nur in die Irre. Sie zersetzen auch unsere Seele. Sie hinterlassen eine innere Wüste.

Dabei kann man wiederum zwischen mehr oder weniger gefährlichen falschen Bildern des Glücks unterscheiden. Zu den ungefährlicheren gehört beispielsweise die falsche Vorstellung, man sei glücklich, wenn man gesund ist oder lange lebt. Zu den gefährlicheren gehört die Meinung, unser Leben sei gelungen, wenn wir möglichst reich sind, sodass wir uns Dinge leisten können, für die wir von anderen anerkannt oder bestenfalls sogar beneidet werden. Zu den gefährlichsten Bildern des Glücks aber gehört die Vorstellung, Erfolg allein garantiere schon ein gelungenes Leben.

Hauptsache Gesundheit?

»Hauptsache gesund!«, was für ein Unsinn! Sind wir denn schon glücklich, nur weil wir gesund sind? Gesundheit kann nicht die Hauptsache im Leben eines Menschen sein, jedenfalls nicht im Leben desjenigen, der glücklich sein will. Und nicht nur, weil wir sowieso alle einmal sterben werden. Natürlich ist gesund zu sein erst einmal besser, als krank daniederzuliegen, und natürlich würde kein vernünftiger Mensch freiwillig auf die Idee kommen, krank sein zu wollen. Zudem ist es richtig, dass kranke und leidende Menschen häufig sagen, sie hätten eigentlich nur einen einzigen Wunsch, nämlich den, endlich wieder gesund zu werden. Aber selbst in diesem Fall wollen die kranken Menschen nicht nur gesund werden, um nicht mehr krank zu sein. Sie wollen auch gesund werden, weil sie dann wieder viele Dinge tun können, die unmöglich sind, solange sie krank ans Bett gefesselt sind. Sie wollen ihre Kinder besuchen, sich wieder richtig bewegen und arbeiten können und endlich ein normales Leben jenseits des Krankenhauses führen.

Natürlich wollen wir im Normalfall gesund sein, aber doch nur, weil Gesundheit die Grundvoraussetzung dafür ist, dass wir die Dinge tun können, die uns glücklich machen, und nicht deswegen, weil gesund zu sein selbst schon die Garantie dafür ist. Streng genommen ist es noch nicht einmal richtig, dass Gesundheit eine unabdingbare Voraussetzung dafür ist, glücklich zu werden. Ich kenne alte und kranke Menschen, die in und mit ihrem Leben trotzdem glücklicher und zufriedener sind als so manche junge und gesunde. Vielleicht liegt das auch daran, dass sich kranke Menschen stärker mit der Frage beschäftigen, was im Leben wirklich zählt. Ihre Krankheit hat die Gewohnheiten des Alltags und das, was wir normalerweise für gut und wichtig halten, aufgebrochen. Natürlich gibt es aber auch viele alte und kranke Menschen, die unglücklich sind und die dann ihr ganzes Unglück allein auf die Krankheit schieben. Aber Gebrechen können auch durchaus praktisch sein, denn sie halten den Kranken in manchen Fällen davon ab, sich mit sich selbst auseinandersetzen zu müssen.

Ob man nun gesund oder krank ist, spielt für die Frage, ob und wie unser Leben gelingen kann, gar keine entscheidende Rolle. Zumindest ist die Gesundheit nicht in einem solchen Maß dafür verantwortlich, wie es viele Menschen meinen. Viel wichtiger ist, was wir aus unserer Situation machen, wenn wir krank sind. Diese Aussage mag provokant wirken, aber Philosophen gehen in der Provokation manchmal sogar noch weiter. Sokrates hat beispielsweise gemeint, dass es für manche Menschen besser sei, krank zu sein, weil sie dann viele Dinge nicht tun könnten, mit denen sie anderen Menschen und damit dann auch letztlich sich selbst, ihrer eigenen Seele schaden würden. Und wer sich selbst schadet, der entfernt sich immer weiter von seinem eigenen Lebensglück. Nach Sokrates ist es besser, äußerlich krank und innerlich gesund, als äußerlich gesund und innerlich schon längst abgestorben zu sein. Noch pointierter hat es Theodor Adorno auf den Punkt gebracht: Was nützt einem Gesundheit, wenn man sonst ein Idiot ist?

Wer meint, dass die Gesundheit der oberste und wichtigste Wert im eigenen Leben sei und das Glück einzig und allein von ihr abhänge, der begeht einen entscheidenden Fehler. Er denkt nicht mehr darüber nach, warum er eigentlich gesund sein und lange leben will und was er als gesunder Mensch eigentlich machen möchte. Das allein ist natürlich noch nicht so schlimm, weil es keine praktischen Konsequenzen haben muss. Aber es kann durchaus dramatisch werden, wenn jemand, dem Gesundheit das wichtigste Gut ist, mit einer Entscheidungssituation konfrontiert wird. Man stelle sich nur vor, dass jemand, den der Betroffene sehr liebt, an einer ansteckenden Krankheit leidet. Wird er ihn besuchen und ihm beistehen – auch auf die Gefahr hin, sich selber anzustecken? Wenn er sich tatsächlich zum Besuch entschließt, ist das ein Zeichen dafür, dass für ihn die Gesundheit nicht wirklich der oberste Wert gewesen ist, sondern dass Freundschaft und Liebe für ihn wichtiger sind.

Hauptsache Geld?

Ein weiterer, nun aber gefährlicherer Irrtum besteht in der Vorstellung, Geld sei der Königsweg zum Glück. Man meint dann, je mehr Geld man habe und je mehr Reichtum man anhäufe, desto glücklicher müsse man auch sein. Überall werden die Reichen bewundert, und man möchte so sein wie sie – denn man stellt sich vor, dass Menschen, die wirklich reich sind, auch wirklich glücklich sein müssen. Eine ganze Industrie lebt davon, uns glauben zu machen, Reichtum mache glücklich. Und wieder: Welch ein Unsinn! Wie schon das Sprichwort sagt: Geld allein macht nicht glücklich. Wenn überhaupt, dann ist es nicht das Geld, sondern sind es die Dinge, die wir mit dem Geld kaufen können, die uns glücklich machen. Mit dem Geld ist es so wie mit der Gesundheit: Es ist, wenn überhaupt, nur eine Voraussetzung zum Glück. Wer reich ist, ist deshalb noch lange nicht glücklich. Ganz im Gegenteil: Mit dem Reichtum wächst auch oft die Sorge um das Geld. Es gehören viel Weisheit und Lebensklugheit dazu, den Reichtum so zu gebrauchen, dass für seinen Besitzer das Geld nicht auf einmal zum Wichtigsten und zum Mittelpunkt in seinem Leben wird. Die Gefahr, ein Leben für das Geld zu führen, anstatt das Geld für das Leben einzusetzen, wächst mit dem Reichtum und nimmt keinesfalls ab.

Aber wie ist es damit: Ist nicht Reichtum deshalb ein Glücksbringer, weil er einen Lebensstil ermöglicht, der glücklich macht? Wird man nicht dadurch glücklicher, dass man sich mehr leisten kann? Nein. Es ist ein Irrtum zu meinen, ein aufwendiger Lebensstil könne uns auf Dauer glücklich machen. Diese Behauptung ist keine wirklichkeitsferne These eines Philosophen. Sie wird auch von der Wirtschaftswissenschaft belegt. Ein relativ neuer Zweig der Ökonomik ist die sogenannte Glücksforschung, die 2002 sogar mit dem Nobelpreis geadelt wurde. Ihre Wissenschaftler ermittelten mit empirischen Methoden wie Umfragen und statistischen Erhebungen, ob das Glück, das man sich vom Kauf eines neuen Autos, eines Markenproduktes oder Ähnlichem erhofft, auch tatsächlich eintritt. Das Ergebnis ist eindeutig: Es macht für unser

Glücksgefühl einen großen Unterschied, ob wir überhaupt ein Auto haben, aber es ist relativ unerheblich, ob wir nun einen Porsche fahren oder nur ein deutlich preiswerteres Auto. Natürlich tut die Werbung alles, um uns vom Gegenteil zu überzeugen. Wir werden mit der Vorstellung bombardiert, dass es uns besser ginge, wenn wir uns mehr leisten könnten. Und ganz so unrecht hat die Werbung ja auch nicht: Im ersten Augenblick spüren wir tatsächlich ein Hochgefühl, wenn wir das neue, bessere, schnellere Auto kaufen. Aber, wie die Forschung gezeigt hat, schon nach zwei, drei Wochen lässt das Glücksgefühl rapide nach. Dann kennen wir unseren Wagen, er kann uns nicht mehr überraschen und fängt an, zur Gewohnheit zu werden, die uns nicht mehr in dem Maße glücklich macht wie am Anfang. Und so verhält es sich nicht nur mit einem neuen Auto, das Prinzip lässt sich auf alle Dinge übertragen, die wir für Geld kaufen können. Unser Hunger nach Glück wird durch den Konsum nicht gesättigt.

Hauptsache Statussymbole?

Hier mag man nun einwenden, dass ein Porsche zwar allein noch nicht glücklich macht, er aber doch immerhin nach außen hin zeigt, dass man jemand geworden ist, der sich eben einen solchen Luxuswagen leisten kann. Autos sind schließlich nicht nur Fortbewegungsmittel, sondern auch – oder vor allem – Statussymbole. Kaum jemand würde einen Porsche kaufen, wenn er von niemandem in seinem Wagen gesehen werden würde! Ein anderes Beispiel: Kein Mensch kauft sich Markenkleidung allein deswegen, weil er von der besseren Qualität überzeugt ist. Durch die Kleidung möchte man zuallererst sich selbst definieren. Man möchte zeigen, wer man ist, und dabei einen persönlichen Lebensstil oder ein Lebensgefühl ausdrücken. Man möchte zu einer Gruppe dazugehören. Im Grunde tut man dabei aber nichts anderes, als sich freiwillig in die Schubladen stecken zu lassen, die sich die Industrie für uns ausdenkt, denn man übernimmt die Rollenidentifikationen, die durch die Modebranche und ihre

Marketingabteilungen vierteljährlich neu vorgegebenen werden. Menschen definieren sich selbst über den Konsum, darüber, was sie sich leisten können, und auch sie werden von anderen danach definiert.

Für die Frage, wie wir in und mit unserem Leben glücklich und zufrieden werden können, ist dieses Verhalten allerdings verheerend. Das Problem besteht in Folgendem: Wer sich über Statussymbole definiert, definiert sich über etwas, das er selbst im Grunde gar nicht ist. Er wird nicht für das bewundert und geschätzt, was er ist, sondern nur für das, was er hat, was er darstellt, was er sich leisten kann. Er wird für etwas bewundert und beneidet, mit dem er sich eigentlich gar nicht wirklich identifizieren kann, weil es ihn und sein Wesen, seine Persönlichkeit gar nicht ausmacht. Denn wir sind nicht das, was wir uns leisten können. Markenprodukte und Statussymbole sind nur Masken und Rollen, die wir übernehmen, spielen und uns überstülpen. Markenprodukte ermöglichen uns eine Identifikation mit bestimmten, von Marketingabteilungen vorgefertigten Gruppen, zu denen wir gehören wollen. Ebenso ermöglichen sie, uns von anderen Gruppen abzugrenzen. Aber wer sich und seine Person lediglich über eine Zugehörigkeit zu oder in Abgrenzung von anderen definiert, der definiert sich letztendlich über vorgegebene Rollenmuster, die den Kern seines Wesens oft kaum berühren.

Natürlich ist es richtig, dass wir Menschen von anderen anerkannt werden wollen. Aber wir wollen für das anerkannt werden, was wir tatsächlich sind, und nicht für das, was wir haben. Wir wollen gemocht und geliebt werden für das, was uns als Person wirklich ausmacht, und nicht dafür, was wir uns alles leisten können, oder dafür, wie brillant wir unsere gesellschaftlichen Rollen spielen. Geld zu haben ist unumstritten eine wichtige Voraussetzung dafür, leben zu können. Wir haben schließlich Grundbedürfnisse, die wir uns erfüllen können müssen. Wir haben einen Anspruch auf Nahrung, Kleidung, Wohnung, Teilnahme an Bildungsmöglichkeiten und auf ein kulturelles Leben, nicht aber auf das noch schnellere, teurere Auto oder das modische Kleid in dem Schnitt und den Farben, die uns von der Modeindustrie diktiert werden. Wer ernsthaft meint, Konsum mache auf Dauer glücklich, der verfehlt ernsthaft sein Lebensglück.

Hauptsache Erfolg?

Aber wie sieht es mit dem Erfolg aus, den jemand hat? Zwar sagen Lebensstil und Konsum nicht viel darüber aus, wer man selbst wirklich ist, aber doch vielleicht der Erfolg? Immerhin ist man es ja selbst, der erfolgreich ist, weil man ganz persönlich etwas geschafft hat, das einen erfolgreich macht. Und es stimmt ja auch: Jeder Erfolg macht glücklich – zumindest im ersten Augenblick. Wer erfolgreich ist, der hat meistens selbst etwas geleistet und seine Bemühungen haben ihr Ziel erreicht. Auf den Erfolg ist man stolz, weil er schon mehr darüber aussagt, wer man ist – mehr jedenfalls als das, was man konsumiert und was man sich leisten kann.

Haben wir mit dem Erfolg also endlich das gefunden, wonach wir gesucht haben? Etwas, das wirklich im Leben zählt? Natürlich nicht. Gerade die Finanzkrise führt uns überdeutlich vor

Augen, dass es der Erfolg allein nicht sein kann, denn erfolgreich sind auch die Banker gewesen, die aberwitzige Finanzkonstruktionen verkauft und dabei kräftig in die eigene Provisionskasse gewirtschaftet haben. Diejenigen, die zwar erfolgreich gewesen sind, haben mit ihrem Erfolg aber auch ein ganzes Finanzsystem ruiniert. Und mehr noch. Mit ihrem Verhalten haben sie auch das Vertrauen verspielt. Das Wort Kredit leitet sich vom lateinischen »credere« ab, das »glauben« und »vertrauen« bedeutet. Wenn dieses Vertrauen aber zerstört oder verspielt worden ist und keine Kredite mehr gegeben werden, dann werden die Grundlagen der Wirtschaft angegriffen. Kein Berufsbild hat in den letzten Monaten so an Ansehen verloren wie das des Bankers – trotz seines unbestrittenen finanziellen Erfolgs während der letzten Jahre.

Erfolg allein kann also nicht zählen. Die entscheidende Frage ist nicht, ob wir Erfolg haben oder nicht. Die entscheidende Frage ist, womit wir unseren Erfolg erzielen, wenn wir erfolgreich sind. Wodurch sind wir erfolgreich geworden, und was ist der Preis, den uns oder andere dieser Erfolg gekostet hat und womöglich sogar weiterhin kosten wird? Wenn das, womit wir erfolgreich sind, sinnvoll und wichtig ist, dann ist Erfolg tatsächlich etwas sehr Schönes und Glückbringendes im Leben. Aber ohne zu wissen, was wirklich zählt und wichtig ist, trägt Erfolg an sich nicht viel mehr als ein schnell vorübergehendes Glücksgefühl zum gelungenen Leben bei.

Ist Glücklichsein alles?

Es lohnt sich, an dieser Stelle einen Augenblick innezuhalten. Wir haben gesehen, dass Konsum und Erfolg tatsächlich Glücksgefühle hervorrufen können, auch wenn diese nicht von Dauer sind. Aber was, so mag man einwenden, ist daran so schlimm? Warum soll das Leben, mit dem wir zufrieden sein wollen, nicht darin bestehen, immer häufiger und immer intensiver solche Glücksgefühle zu erleben?

So plausibel die Vorstellung zunächst auch erscheinen mag, dass das gelungene Leben in einer möglichst nahtlosen Abfolge von intensiven Glücksgefühlen besteht, so fragwürdig und auch abschreckend wird sie, wenn wir die gedankliche

Probe aufs Exempel machen. Stellen Sie sich einmal vor, Ihnen würde angeboten werden, sich für den Rest Ihres Lebens an einen großen Computer anschließen zu lassen, der Ihr Gehirn und Ihre Nerven fortwährend mit Glücksgefühlen stimuliert. Über Schläuche würden Sie mit Nahrung versorgt werden, Sie müssten sich um nichts kümmern und hätten auch nie mehr Schmerzen. Natürlich würden Sie kein reales Leben führen können. Sie träfen keine Freunde mehr, arbeiteten nicht, hätten keine Sorgen und durchlebten keine Krisen – aber Sie wären ohne Unterlass glücklich. Würden Sie, würden sich Menschen an diese Maschine anschließen lassen? Ist es das, worauf die Sehnsucht nach Glück abzielt?

Natürlich würde jeder von uns gerne einmal diese Maschine testen wollen, allein aus Neugier. Aber darum geht es hier nicht. Wenn wir der festen Überzeugung wären, dass unser Leben tatsächlich dann das beste überhaupt ist, wenn es aus fortwährenden Glücksgefühlen besteht, dann würde sich jeder an diese Maschine anschließen lassen wollen – und zwar so schnell wie möglich. Aber was tun wir? Wir zögern, und niemand, der nicht mit seinem Leben abgeschlossen hat, würde sich ernsthaft auf so etwas einlassen. Und zwar aus folgendem Grund: Auch wenn es stimmt, dass wir emotional glücklich sein wollen, so wollen wir doch auch, dass wir wegen der richtigen Dinge glücklich sind. Wir wollen, dass etwas in unserem realen Leben passiert, was uns in unserem Innern glücklich macht. Wir möchten so leben, dass es uns wegen der Art, wie wir es tun und was wir machen, emotional gut geht. Selbst dann, wenn wir uns Sorgen machen oder an Grenzen kommen und Krisen durchleben, wollen wir das reale nicht gegen ein Leben eintauschen, das uns mit künstlichen Glücksgefühlen versorgen würde.

Wenn es im Leben aber nicht nur darum geht, möglichst oft einen glücklichen Gefühlszustand zu erreichen, sondern darum, dass unser Leben gelingt, dann sollten wir tiefer bohren als nur bis zum Konsum und zum Erfolg, die sich beide durch kurzlebige Glücksmomente auszeichnen. Dann wird es auch etwas missverständlich, von »Glück« oder »glücklichem Leben« zu sprechen, denn darunter versteht man landläufig zweierlei: zum einen den »günstigen Zufall«. »Glück gehabt«, sagt man und meint damit, dass einem etwas im Leben passiert ist, das man erhofft hat, selbst aber nicht beeinflussen konnte. Wenn einer meiner Studenten, der sich kaum für die Prüfung vorbereitet hat, von mir genau das gefragt wird, was er sich zufällig am selben Tag noch angeschaut hat, dann hat er eben Glück gehabt. Dieses Glück als glücklicher Zufall hängt wiederum mit der zweiten Bedeutung des Wortes zusammen: Glück als ein intensives emotionales Hochgefühl. Es ist dieses Gefühl von Glück, das sich durch Konsum oder Erfolg einstellen kann. Wenn es aber nicht dieses kurzfristige Glücksgefühl, dieses emotionale High ist, nach dem wir letzten Endes suchen, dann sind andere Ausdrücke für das Leben, mit dem wir zufrieden sind, vielleicht treffender.

Das gelungene und geglückte Leben

Ich selbst kenne keine bessere Formulierung als die des gelungenen oder auch des geglückten Lebens. Denn wir wollen ja, dass unser Leben gelingt. Und es gelingt oder misslingt durch das, was wir tun, denn solange wir leben, tun wir immer etwas. Wir müssen die Stunden des Tages mit dem, was wir machen, füllen. Selbst wenn wir einen Tag nur passiv an uns vorbeiziehen lassen, tun wir etwas, denn wir liegen auf dem Bett, schauen fern, dösen vor uns hin oder hängen unseren Tagträumen nach. Wir wollen, dass das, was wir tun, dazu führt, dass wir mit unserem Leben zufrieden sind. Zufrieden sind wir dann mit unserem Leben, wenn es als Ganzes betrachtet gelingt. Deswegen ist es treffender, vom gelingenden oder vom gelungenen als einfach nur vom glücklichen Leben zu sprechen. Ob unser Leben gelingt, hängt dabei in viel höherem Maße von uns selbst ab, als es uns meistens bewusst ist. Manche Philosophen gehen sogar noch weiter und sagen, dass es ausschließlich an uns hinge, ob unser Leben gelingt oder nicht.

Wenn eine Antwort auf die Frage, ob unser Leben gelingt, vor allem davon abhängt, was wir mit unserem Leben anfangen, so hängt eine Antwort auf die Frage, ob unser Leben glückt oder geglückt ist, nicht immer nur von uns ab. Ein Leben ist dann geglückt, wenn ein wenig glücklicher

Zufall zum gelungenen Leben dazugekommen ist. Dass wir beispielsweise im richtigen Moment die richtigen Menschen treffen, liegt nicht immer in unserer Macht. Oder dass wir in schwierigen, unüberschaubaren Situationen die richtigen Entscheidungen fällen, obwohl wir uns zuvor unsicher waren und diese Unsicherheit auch nach der Entscheidung noch nicht verschwunden ist. Wir können also auch vom geglückten Leben sprechen – wobei dies nicht dasselbe ist wie ein glückliches Leben, denn wie wir gesehen haben, ist es kein sinnvolles Ziel, nur emotional glücklich zu sein oder glücklich zu werden. Wir Menschen wollen mehr vom Leben, nicht nur Glücksgefühle, sondern auch, dass unser Leben glückt und gelingt. Deswegen schlage ich vor, dass wir von nun an nicht mehr einfach nur vom glücklichen, sondern vom gelungenen oder eben vom geglückten Leben sprechen. Das geglückte Leben ist ein gelungenes Leben mit einem Quäntchen glücklichem Zufall.

Aber was führt zu einem gelungenen Leben? Ich bin davon überzeugt, dass es vor allem zwei Dinge sind, die das Leben gelingen lassen: Lieben und sinnvoll tätig sein. Etwas weniger plakativ formuliert: Dass wir nicht nur oberflächliche Beziehungen zu anderen Menschen pflegen, sondern dass es auch Menschen gibt, die wir lieben, von denen wir geliebt werden und mit denen wir in tiefen persönlichen Freundschaften verbunden sind. Hinzu kommt, dass wir in unserem Leben etwas tun, das sinnvoll und für andere Menschen wertvoll und wichtig ist.

Freundschaft und Liebe

Jeder von uns lebt in Beziehung zu anderen Menschen, aber viele unserer Beziehungen sind flach und oberflächlich. Sie dringen nicht zum Kern vor und bleiben eher äußerlich. Mit einigen Menschen verbringen wir nur deswegen gerne Zeit, weil es Spaß macht. Es ist kurzweilig und lustig. Falls sich nicht eine echte Freundschaft daraus entwickelt, bleiben Beziehungen dieser Art meist unverbindlich. Und wenn diese »Freunde« anstrengend werden, dann gibt es für uns keinen Grund mehr, die Beziehung zu ihnen aufrechtzuerhalten, da wir uns nicht innerlich an sie gebunden haben.

Andere Beziehungen unterhalten wir, weil wir uns vielleicht einen Nutzen oder einen Vorteil für uns selbst davon versprechen. Geschäftskontakte zählen zu diesen typischen »Nutzenfreundschaften«. Wenn jemand sein angestammtes Berufsumfeld wechselt und ein neues Netzwerk aufbauen muss, dann gibt es für ihn meistens keinen Grund mehr, mit den alten Kollegen noch etwas zu tun zu haben, es sei denn, es sind wirkliche Freunde darunter. Meist aber nehmen im Laufe der Zeit die Verabredungen mit ihnen ab und man lässt die Verbindungen einschlafen.

Selbst dann, wenn viele Menschen sich nach einer anderen Form von Freundschaft sehnen, haben sie ausschließlich solche Beziehungen, die in erster Linie Spaß machen oder nützlich sein sollen. Bei diesen oberflächlicheren Beziehungen geht es nie um den Menschen selbst. Denn was man schätzt, ist nicht der andere als ganzer Mensch, sondern sind immer nur einzelne Eigenschaften von ihm. Solange der andere witzig ist oder solange er mir nützen kann, bin ich mit ihm gern befreundet. Das Ganze funktioniert natürlich ebenso umgekehrt: Solange ich witzig bin und solange ich einem anderen Menschen nütze, bin ich für diesen Menschen interessant. Und wenn ich nicht mehr witzig und nützlich bin, lässt man mich fallen.

Erst wenn man liebt oder mit jemandem in einer tiefen persönlichen Freundschaft verbunden ist, geht es einem tatsächlich um die andere Person, und manchmal entwickeln sich aus oberflächlichen Beziehungen sogar solche persönlichen. Wenn die Liebe eines Menschen zu mir echt ist, dann mag er mich nicht nur, solange und weil ich unterhaltsam und nützlich für ihn bin. Er liebt mich um meiner selbst willen. Es geht ihm nicht um äußere Eigenschaften, sondern um mich als ganze Person, mit meinen Talenten und Schwächen, meinen Träumen und Macken, meiner Offenheit und Verschlossenheit.

Philosophen haben immer wieder über diese tiefe Art der Freundschaft oder Liebe nachgedacht. Für sie ist klar, dass man nur wenige Menschen im Leben wirklich auf diese Art lieben kann. Eine tiefe Freundschaft braucht genauso wie Liebe viel Zeit. Man muss sich sehr gut kennen, sich durch Krisen hindurch miteinander vertraut gemacht haben, und man braucht eine gemeinsame Vorstellung davon, was im Leben wichtig ist und zählt. Vor allem aber muss man gewillt sein, die Beziehung zusammen aktiv zu gestalten. Immer wieder muss man sich bewusst und neu Zeit für den anderen nehmen und an ihm und mit ihm wachsen wollen.

Arbeiten und Tätigsein

Sie gehört zu den perfidesten Begleiterscheinungen des industriellen Zeitalters: die Vorstellung, dass der Wert unseres Lebens davon abhinge, dass wir eine Arbeit haben, mit der wir Geld verdienen. Wenn das wahr wäre, dann wären die Finanzkrise und die drohende zunehmende Arbeitslosigkeit keine Krisen mehr, sondern schlichtweg Katastrophen. Arbeitslosigkeit an sich ist schlimm genug, aber durch die Vorstellung, man werde durch sie seines Wertes als Mensch beraubt, wird die Arbeitslosigkeit schier unerträglich. Dasselbe gilt für das Ende unserer Arbeitszeit, wenn wir in Rente oder Pension gehen.

Wer den Wert seines Lebens und seiner eigenen Person ausschließlich an der Arbeit festmacht, für die er bezahlt wird, für den muss das Ende seiner Erwerbsarbeit eine Katastrophe sein, die den Sinn seiner gesamten Existenz infrage stellt.

Was an der Arbeitslosigkeit wirklich bedrohlich ist, ist nicht so sehr die Tatsache, dass Menschen, die arbeitslos geworden sind, weniger Lohn bekommen. Die sozialen Netze in Deutschland sind in den letzten Jahren zwar grobmaschiger geworden, fangen aber dennoch die meisten Arbeitslosen einigermaßen auf – auch wenn manche Betroffenen mit ihren Familien dadurch in eine Lebenssituation geraten können, die so schwierig werden kann, dass sie politisch und gesellschaftlich nicht mehr akzeptabel ist. Wirklich bedrohlich wird die Arbeitslosigkeit dann, wenn Menschen anfangen, sich ohne Erwerbsarbeit wertlos zu fühlen, und nicht mehr die Kraft haben, ihr Leben gestaltend in die Hand zu nehmen. Dann wird die Krise zur persönlichen Katastrophe.

Dass für manche Arbeitslose ihr Leben sinnlos wird, hängt nicht nur damit zusammen, dass sie nicht mehr ihr eigenes Geld verdienen, sondern auch damit, dass sie aus ihrem sozialen Arbeitsumfeld herausgefallen und nun auf sich selbst gestellt sind. Denn nicht nur das, was wir tun, macht unsere Arbeit wertvoll, viel wichtiger ist oft, mit wem wir zusammenarbeiten. Einer Erwerbsarbeit nachzugehen bedeutet meistens auch, gemeinsam mit anderen Menschen an einem Projekt zu arbeiten. Selbst dann, wenn die Arbeit als solche relativ eintönig und stupide ist, können die Kolleginnen und Kollegen die Beschäftigung doch attraktiv machen. Umgekehrt gilt natürlich auch, dass die Arbeit selbst dann eine große Belastung sein kann, wenn sie zwar abwechslungsreich und spannend, die Atmosphäre am Arbeitsplatz aber gestört ist. Wir wollen also nicht nur irgendetwas arbeiten und Geld dafür bekommen, sondern auch zu einer Gruppe gehören, uns als Teil einer Gemeinschaft verstehen und in und für diese Gemeinschaft tätig sein.

Durch die Arbeitslosigkeit aus den durch die Arbeit geschaffenen sozialen Bindungen herauszufallen, ist schmerzlich, da es uns normalerweise ein Bedürfnis ist, etwas gemeinsam mit anderen

Menschen zu tun. Und zwar etwas, das anerkannt wird und das zählt. Der Lohn, den wir für unsere Arbeit bekommen, ist unsere Anerkennung, mag die Arbeit selbst uns auch noch so sinnlos erscheinen. Aber wenn dieser Lohn wegfällt, was dann? Dann müssen wir uns ein neues System von Anerkennung für das suchen, was wir tun. Um den Verlust eines Arbeitsplatzes zu verkraften, sollten wir uns aktiv nach einem Platz umsehen, an dem wir gemeinsam mit anderen etwas tun, das wertvoll ist und wofür wir Anerkennung erhalten.

Darin liegt nun eine Chance, die in der Krise ergriffen werden kann. Eine Chance, die unser Leben sogar zu einer größeren Zufriedenheit als zuvor führen kann. Voraussetzung dafür ist, dass wir aktiv werden. Es gibt genügend Möglichkeiten, sinnvolle und wertvolle Dinge gemeinsam mit anderen Menschen zu tun, auch wenn wir dafür nicht bezahlt werden. Am wichtigsten ist es vielleicht, Freundschaften zu pflegen. Wir können außerdem mit dem, was wir gelernt haben, andere Menschen oder Projekte, die wir sinnvoll finden, unterstützen. Wir können uns in Vereinen engagieren, in der Nachbarschaftshilfe, einsame Menschen besuchen oder ehrenamtlich in Schulen oder Kirchengemeinden tätig sein. Den Möglichkeiten zu einer sinnvollen, wertvollen und beglückenden Tätigkeit sind kaum Grenzen gesetzt.

Wenn man sich von dem Gedanken verabschiedet, dass der Wert der Tätigkeit eines Menschen in seinem Lohnerwerb liegt und dass das, was wir tun, nur dann besonders wertvoll ist, wenn die Tätigkeit auch gut bezahlt wird, dann werden wir auch Arbeiten neu wertschätzen können, mit denen man in unserer Gesellschaft kein Geld verdienen kann, die aber oft einen extrem hohen Wert haben, weil sie lebensnotwendig für unsere Gesellschaft sind. An erster Stelle ist sicherlich die Arbeit von Müttern oder Vätern zu nennen, die ohne Bezahlung ihre Kinder großziehen. Aber auch ehrenamtliches Engagement und politische Arbeit gehören dazu.

Die durch die Wirtschaftskrise drohende Arbeitslosigkeit ist in diesem Sinne also nicht notwendig eine Katastrophe, sondern eine ernsthafte Krise, die aber auch Chancen für diejenigen bereithält, die aktiv werden. Chancen, sich im Leben auf das konzentrieren zu können, was zählt: etwas zu tun, das für andere Menschen wichtig ist. Verglichen mit der Zeit, in der jemand in Lohnarbeit stand, kann das Leben durch eine Neuorientierung sogar einen tieferen Wert und größere Bedeutung bekommen. Denn schlussendlich wollen wir Spuren im Leben anderer Menschen hinterlassen. Wir wollen nicht allein mit uns zufrieden sein – unser Leben soll auch für andere Menschen nicht umsonst gewesen sein.

Zwei Welten begegnen sich

Durch die Finanzkrise ist eine problematische, wenn nicht bedrohliche Trennung von privaten und beruflichen Wertvorstellungen deutlich zutage getreten. Einerseits ist es richtig, die Privatsphäre vom Berufsleben zu unterscheiden, denn in beiden Welten werden unterschiedliche Werte gelebt und realisiert. Werte wie Freundschaft und Liebe wird man im geschützten privaten Bereich und nicht im öffentlichen Berufsleben suchen wollen. Werte wie Leistungsbereitschaft und

Ehrgeiz zählen wiederum nur im Geschäftsleben und würden Freundschafts- und Liebesbeziehungen mehr belasten als vertiefen. Andererseits jedoch wollen Menschen viele Werte, die sie im Privaten vertreten, auch an ihrer Wirkungsstätte verwirklichen. Wer beispielsweise im Privatleben für ökologische und energiesparende Maßnahmen eintritt, der wird auch in seiner Firma wollen, dass energieeffiziente Maßnahmen umgesetzt werden. Wem Offenheit und Ehrlichkeit im Privatleben wichtig sind, für den gibt es überhaupt keinen Grund anzunehmen, dass diese Werte nicht auch im Berufsleben gelebt werden sollten – auch dann, wenn es hier natürlich Ausnahmen gibt, beispielsweise wenn man an Verschwiegenheitsklauseln gebunden ist.

Inzwischen haben sich aber aus der Unterscheidung zwischen Berufs- und Privatleben zwei unterschiedliche Wertsysteme, vergleichbar mit zwei Parallelwelten, entwickelt. Werte, die nicht nur im privaten Bereich realisiert werden könnten, müssen nicht selten an der Eingangstür zur Firma abgegeben werden. Grundlegende Werte wie Ehrlichkeit und Vertrauen spielen mittlerweile in der Berufswelt eine nachrangige Rolle, denn in der Firma regiert allein die Rendite, und dieser hat sich alles andere unterzuordnen. Diese Auffassung lässt Menschen und ganze Organisationen in einen geradezu schizophrenen Zustand taumeln, denn wenn Werte, die für uns in unserem Leben grundlegend sind, im Berufsleben überhaupt nichts mehr zählen, bedeutet das in der Schlussfolgerung, dass wir im Grunde genommen nicht mehr als die arbeiten können, die wir sind und sein wollen. Denn das, was wir als Menschen sind, wird ja ganz wesentlich durch die Werte bestimmt, die wir leben möchten. In ihnen drücken sich unsere Vorstellungen vom gelungenen Leben aus, und eben nicht nur in einem Teil unseres Lebens – sei es in der Arbeit oder im Privaten –, sondern im Leben als Ganzem.

Die Krise ist deswegen auch für die, die nicht von der Arbeitslosigkeit betroffen sind, eine Chance, sich zu fragen, wie die Arbeit und die Arbeitsbedingungen so gestaltet werden können, dass wir nicht nahezu die Hälfte unserer Lebenszeit als Erwachsene so leben und arbeiten müssen, wie wir es eigentlich gar nicht wollen; sondern dass wir so in unserer Arbeit leben können, dass wir als ganze Menschen mit unseren Vorstellungen vom gelungenen Leben in der Arbeitswelt tätig sein können.

Innerer Aufbruch

Wenn es nun stimmt, dass unser Leben trotz aller Niederlagen, Krisen, Sorgen und Frustrationen dann glückt und gelingt, wenn wir in tiefen, erfüllenden menschlichen Beziehungen leben und wenn wir einer Tätigkeit nachgehen, die wertvoll und für andere Menschen von Bedeutung ist – welche Fähigkeiten sollten wir dann entwickeln, um aus Krisen Chancen zu machen? Um als glückliche Gewinner aus den unsicheren Zeiten hervorzugehen?

Die Antwort liegt auf der Hand: Wenn eine der Ursachen der Krisen eine falsche Vorstellung vom gelungenen Leben und damit also auch von falschen, letzten Wertvorstellungen ist, dann müssen wir alte und falsche Vorstellungen vom gelungenen Leben, und das bedeutet auch falsche Werte, durch neue und richtige ersetzen.

Aber das ist leichter gesagt als getan, denn ohne einen Aufbruch wird das nicht gelingen. Allerdings brauchen wir keinen äußeren Aufbruch. Wir müssen nicht einfach mehr tun, den Gürtel enger schnallen oder irgendwelche moralischen Aufschwünge vollbringen. Was wir brauchen, ist ein innerer Aufbruch, ein Aufbruch, der in uns selber stattfindet. Eine Arbeit an unserer Persönlichkeit oder, anders ausgedrückt, an unserer inneren Haltung. Denn leider lassen sich falsche Wertvorstellungen nicht so einfach durch richtige ersetzen, wie man ein neues Kleidungsstück kauft und das alte wegwirft. Eine Korrektur von Werten ist nicht ohne eine Veränderung von uns selbst, von unserer Persönlichkeit, zu haben. Wir können nicht einfach unsere grundlegenden Werte ändern wollen und dabei meinen, wir selbst könnten so bleiben, wie wir sind. Denn es gibt einen engen Zusammenhang zwischen unserer Persönlichkeit und dem, was wir für wertvoll halten. So ist zum Beispiel ein Mensch, dem tiefe persönliche Beziehungen das Wichtigste im Leben sind, einfach ein anderer Mensch als jemand, für den viel Geld und berufliche Erfolge an erster Stelle stehen. Wenn nicht größerer Reichtum und größerer Erfolg, sondern tragfähige menschliche Beziehungen und eine wertvolle, sinnvolle Tätigkeit die Werte sind, die von nun an unsere Entscheidungen bestimmen, dann werden diese Werte auch unseren Charakter prägen. Wenn wir also damit beginnen, unsere Wertvorstellungen zu ändern, dann ändern wir damit auch unsere Persönlichkeit. Mit der neuen Gewichtung der Werte werden wir ein Stück weit auch zu einem anderen Menschen.

Bei dieser Veränderung spielt die Einsicht in die richtigen Werte natürlich eine ganz entscheidende Rolle. Sie ist ein wichtiger erster Schritt. Falsche Vorstellungen vom gelungenen Leben werden benannt und enttarnt und anschließend durch richtige ersetzt. Allerdings sind die falschen Bilder damit noch nicht ganz unschädlich gemacht und harmlos geworden. Sie wirken noch immer als Energien in uns fort und versuchen immer wieder, uns an sich zu binden. Beispielsweise verstummt selbst mit der Einsicht, dass nicht ich schuld an einer Insolvenz bin oder dass nicht ich meine Erwerbslosigkeit zu verantworten habe, nicht das Gefühl, versagt zu haben. »Problem erkannt, Problem gebannt« – ganz so einfach ist es meistens leider nicht.

Wie kann aber das, was wir als richtig erkannt haben, für unsere innere Haltung fruchtbar werden? Ohne innere Arbeit geht es nicht. Diese innere Arbeit ist zunächst nicht leicht, denn normalerweise sind wir es nicht gewohnt, innere Arbeit, das heißt, Arbeit an uns selbst zu leisten. Wir modernen Menschen haben darin in vielen Fällen zu wenig Übung entwickelt, sodass wir dem, was in uns passiert, nur wenig Aufmerksamkeit schenken. Wir kennen uns gut damit aus, Aufgaben zu erledigen, Probleme zu lösen oder Sachfragen zu bearbeiten, aber das bedeutet noch lange nicht, dass wir damit auch schon in der Lage wären, uns selbst bewusst und gut wahrzunehmen. An uns selbst zu arbeiten ist eine anspruchsvolle und manchmal auch äußerst langwierige Aufgabe, die wir vielfach erst noch erlernen müssen.

Manche Menschen meinen zudem, man könne, wenn man einmal ein gewisses Alter erreicht habe, sich selbst oder seine inneren Haltungen und seine Persönlichkeit nicht mehr verändern. Man sei halt so, wie man ist, und damit müsse man sich selbst und damit müssten sich auch die anderen abfinden. An dieser These ist ohne Zweifel etwas Wahres dran: Die grundlegenden Strukturen unserer Persönlichkeit und unseres Charakters sind angeboren oder entstehen in der frühen Kindheit. Wir werden durch wichtige Erfahrungen geprägt, die wir gemacht haben. Diese tief in uns verankerten Strukturen und Muster unserer Persönlichkeit zu verändern ist sicherlich nicht einfach und geht schon gar nicht von heute auf morgen. Aber so, wie man auch im fortgeschrittenen Alter noch beginnen kann, etwas für seinen Körper zu tun, etwa sich gesund zu ernähren und für ausreichend Bewegung und Sport zu sorgen, so kann man auch an seiner inneren Disposition und Haltung etwas verändern. Natürlich ist es im fortgeschrittenen Alter mühsamer, sportlich zu werden, als wenn man von Jugend auf trainiert hat. Erste Erfolgserlebnisse werden länger auf sich warten lassen. Aber was hier zählt, ist nicht der schnelle Erfolg, sondern Geduld und Übung.

Und genauso verhält es sich mit der Arbeit an uns selbst, an den inneren Haltungen, dem Charakter und unserer Persönlichkeit.

Eine unentbehrliche Voraussetzung dafür ist die Einübung der Selbstwahrnehmung. Wir sind nicht einfach nur identisch mit unserer Persönlichkeit, und wir sind auch durch unsere Haltungen und unseren Charakter nicht vollständig festgelegt, denn wir können als Menschen auch zu uns selbst noch einmal Stellung nehmen. Wir können uns selbst wahrnehmen, über uns nachdenken und reflektieren. Wir sind keine Maschinen, die ausschließlich auf äußere Impulse und Inputs automatisch reagieren und immer dieselben Ergebnisse liefern. Wir können uns verändern, indem wir zunächst einmal wahrnehmen, wie wir normalerweise handeln und was wir normalerweise denken. Wer sich auf diese Art und Weise selbst wahrnimmt, der schafft eine innere Distanz zu dem, wie er normalerweise handelt und was er normalerweise denkt. Dann, in einem zweiten Schritt, können wir uns fragen, ob es eigentlich richtig oder ob es falsch ist, so zu handeln, wie wir es tun, und die Ansichten über unser Leben und die Welt, wie wir sie haben, zu vertreten. Diese Distanz, die wir zu uns selbst einnehmen können, ist der essenzielle Ansatzpunkt zur Veränderung unserer Person, dazu, die Chance, die in der Krise liegt, zu nutzen.

Tugend?!

Wir haben gesehen, dass das Wissen über das gelungene Leben noch nicht ausreicht, um tatsächlich ein gelungenes Leben zu führen. Aber es ist ein erster, wichtiger und unabdingbarer Schritt, denn solange die Wertprioritäten nicht feststehen, ist ganz unklar, woran wir uns eigentlich orientieren sollen. Wenn wir das Ziel nicht kennen, dann ist jeder Schritt ein Schritt ins Ungewisse. Was aber hilft uns weiter bei der praktischen Umsetzung dessen, was wir als richtig erkannt haben?

An diesem Punkt wird in der Philosophie traditionell von Tugenden gesprochen. Leider haftet dem Wort ein altertümlicher und biederer, ja nahezu spießiger Beigeschmack an. Unter einem tugendhaften Menschen stellen wir uns eher einen

Langweiler vor als jemanden, der uns Vorbild für ein gelungenes Leben sein könnte, das aus dem Vollen schöpft. Was allerdings ursprünglich unter Tugenden verstanden wurde, ist nach wie vor interessant. Gemeint waren bestimmte Eigenschaften, die von entscheidender Bedeutung für eine Antwort auf die Frage waren, ob das Leben gelingen konnte. Konkreter gesagt und auf das Jetzt übertragen: Wenn unser Leben dann gelingt, wenn wir in tiefen, erfüllenden menschlichen Beziehungen leben und wenn wir etwas tun, das wertvoll und anderen Menschen wichtig ist, dann müssen wir auch bestimmte innere Einstellungen ausprägen. Dies sind die viel beschworenen Tugenden, denn sie »taugen« (daher kommt das Wort Tugend) zum gelungenen Leben. Dass sie die »soft skills« sind, die wir zum gelungenen Leben benötigen, macht auch noch die Verwandtschaft des Wortes mit dem Altgriechischen deutlich: »tychein« bedeutet »ein Ziel erreichen«. Mit Tugenden wird es möglich, unser Ziel, das gelungene Leben, zu treffen.

Die Philosophen haben viel über Tugenden nachgedacht. Daraus hervorgegangen sind die vier Kardinaltugenden. Das Wort »Kardinaltugend«

leitet sich vom lateinischen »cardo« ab, das »Dreh- und Angelpunkt« bedeutet. Die vier Kardinaltugenden sind die Dreh- und Angelpunkte, an denen sich entscheidet, ob unser Leben gelingt. Es gibt eine Diskussion darüber, welche vier Tugenden zu den Kardinaltugenden zu zählen sind, und viele der alten Wörter und Begriffe muss man neu übersetzen und sich neu erobern. Einig sind sich alle darin, dass die Gerechtigkeit eine der vier Kardinaltugenden ist. Eine zweite Tugend hängt damit zusammen, dass wir die richtigen Auffassungen von dem haben, worauf es im Leben tatsächlich ankommt und wie wir handeln sollen. Gemeint ist eine Nachdenklichkeit, bei der man nicht über irgendwelche technischen Fragen oder Wissenschaften brillant und klug reden kann, sondern Einsichten erlangt, die von zentraler Bedeutung für das Leben sind. Manche Philosophen sprechen von Weisheit, andere eher von Klugheit.

Die dritte Tugend hat etwas mit Standhaftigkeit, Selbststand oder Durchsetzungsfähigkeit zu tun. In der Antike sprach man von Tapferkeit, weil Standhaftigkeit und Durchsetzungsfähigkeit besonders im Kampf und Krieg notwendig waren.

Auf heute übertragen würde man wohl eher vom Mut sprechen. Jemand ist mutig, wenn er zu dem steht und für das eintritt, was er selbst richtig findet. Ein mutiger Mensch ist jemand, der Zivilcourage hat, der sich weder manipulieren lässt noch einfach mit der Masse mitschwimmt.

Besonders schwierig ist es, die Intuition, die der vierten Tugend zugrunde liegt, auf heute zu übertragen. Philosophen sprechen von Selbstbeherrschung, Besonnenheit oder vom Maßhalten. Diese Worte sind alle etwas missverständlich, weil man mit diesen Eigenschaften zumeist Menschen assoziiert, die mit einer gedämpften und gemäßigten Lebensenergie ohne größere Emotionen, und ohne noch etwas von ihrem Leben zu erwarten, anspruchslos ihr Leben fristen. Das ist natürlich alles andere als besonders aufregend und attraktiv. Gemeint ist mit dieser vierten Tugend aber etwas anderes. Es geht um die Frage, was von dem, was wir haben, was wir tun und was wir sein wollen, eigentlich dem gelungenen Leben angemessen ist. Es geht darum, ein Gespür für ein Gleichgewicht zu entwickeln, das uns zeigt, was eigentlich zu unserem gelungenen Leben passt. So kann es beispielsweise durchaus angemessen sein, nach einem harten Arbeitstag am Abend eine ganze Tafel Schokolade zu essen. Aber so etwas passt natürlich nicht jeden Tag. Unter dem Maßhalten versteht man, sich einem Bild widersetzen zu können, das sich uns immer wieder aufdrängen will: nämlich, dass es für unser Leben besser wäre, so viel wie möglich zu besitzen, zu haben oder zu sein. Dass wir glücklicher wären, wenn wir nur immer mehr hätten: an Gesundheit, Geld, Erfolg, Macht, Schönheit – was immer!

Die vier Tugenden Gerechtigkeit, Klugheit, Mut und Maßhalten lassen sich nicht immer genau voneinander abgrenzen. Vielmehr sind es unterschiedliche Aspekte ein und derselben Lebenshaltung. Beispielsweise folgt aus der Einsicht, dass das gelungene Leben nicht darin besteht, immer mehr konsumieren zu können, wenn diese Einsicht in die Praxis umgesetzt wird, ein Maßhalten im Konsum, und dafür ist manchmal auch Mut notwendig.

Diese Liste der Tugenden ist im Laufe der Zeit immer wieder ergänzt und verlängert worden. So fügte ihr das Christentum noch die drei göttlichen

Tugenden Glaube, Liebe und Hoffnung hinzu. Typisch deutsche Sekundärtugenden sind Pünktlichkeit, Disziplin, Sparsamkeit, Sauberkeit und Ordnung, beim Militär hingegen zählen Ehre, Kameradschaft und Hilfsbereitschaft.

Dass uns auf dem Weg zur geglückten Existenz allein die Sekundärtugenden nicht weiterhelfen, ist nachvollziehbar, denn jemand, der pünktlich, sauber und ordentlich ist, führt dadurch noch lange kein gelungenes Leben. Aber wenn wir die Sekundärtugenden nicht isoliert betrachten, dann können sie zum gelungenen Leben beitragen, da sie oft zu den Kardinaltugenden hinführen. So hat etwa Pünktlichkeit auch etwas mit dem Respekt zu tun, den ich einer Person entgegenbringe, mit der ich mich treffen will. Und Respekt für eine andere Person zu haben folgt aus der Tugend der Gerechtigkeit, weil ich mich dann der anderen Person gegenüber gerecht verhalte, wenn ich deren eigene Interessen bei meinem Handeln mitberücksichtige. Und bei einem Treffen ist es normalerweise im Interesse der anderen Person, dass sie nicht auf mich warten muss.

Tugenden in der Krise

Welche Tugenden sind aber nun besonders wichtig, um aus den drei Krisen des Terrorismus, des Klimawandels und der Finanzwirtschaft eine Chance zu machen? Philosophen haben immer wieder betont, dass die wichtigste Tugend die Weisheit sei. Sokrates war sogar der Meinung, streng genommen gäbe es überhaupt nur diese eine Tugend, denn weise sei jemand, der die richtigen Auffassungen habe. Dabei zählten weniger die Auffassungen über die Welt als solche als vielmehr diejenigen über das, was das Leben gelingen lässt. Und wir selbst haben ja auch gesehen, dass wir ohne eine richtige Auffassung vom gelungenen Leben kein Ziel haben, an dem wir unsere Entscheidungen ausrichten und überprüfen können. Ohne nachzudenken, geht es nicht!

Wie schaut es mit den übrigen Kardinaltugenden aus? Hilft es uns, sich an ihnen zu orientieren, um in der Krise die Chance zu ergreifen? Wird dadurch unsere Zufriedenheit zunehmen?

Viele Menschen meinen wohl zu Recht, dass die drei Krisen ihre Ursache vor allem in der

Maßlosigkeit haben, in dem Wunsch, mehr haben zu wollen, ohne dabei zu überlegen, ob das »Mehr« denn überhaupt ein »Mehr« an gelungener Existenz bedeutet. Eine stets höhere Rendite, größerer wirtschaftlicher Erfolg, mehr Konsum. Der Punkt, auf den es mir hier ankommt, ist nicht, dass die Menschen zu gierig geworden sind und sich deshalb moralisch falsch verhalten haben. Es geht mir nicht um Moral. Es geht mir darum, darauf aufmerksam zu machen, dass ein Mensch, der als eigenes Lebensziel stets ein Anhäufen von materiellem Reichtum oder Erfolg verfolgt, Gefahr läuft, gerade das, was er sich von dem Reichtum und dem Erfolg erhofft, zu verfehlen. Wenn Maßhalten bedeutet, sich von der Spirale des »immer mehr« nicht beeindrucken zu lassen und seine Zufriedenheit nicht in der prinzipiell endlosen Steigerung von Konsum, Einkommen, Einfluss, Macht und Erfolg zu suchen, dann kommt dieser klassischen Tugend im modernen Gewand tatsächlich eine besonders wichtige Bedeutung zu.

Und nicht nur das: Die Maßlosigkeit ist augenscheinlich nicht nur eine von vielen Ursachen der Finanzkrise. Die Vermutung liegt nahe, dass sie auch eine der Ursachen für eine weitere, außerordentlich gravierende Krise ist, von der wir in Deutschland freilich kaum etwas in unserem Alltag mitbekommen: für das Ernährungsproblem, den Hunger und die massive Armut in großen Teilen der Welt. Der Welthunger, an dem laut UN-Angaben im Jahr 2007 täglich rund 24.000 Menschen starben, liegt auch an der Maßlosigkeit der westlichen Zivilisation und deren politischen und strukturellen Möglichkeiten, ihre Interessen durchzusetzen. Ein Maßhalten, das durch die Einsicht begründet ist, dass nicht die Möglichkeiten des »immer mehr« das Lebensglück entscheiden, könnte damit auch ein persönlicher Antwortversuch auf die globale Ernährungskrise sein. Natürlich kann eine derartige Antwort wiederum auch nicht mehr als ein kleiner Stein in einem ganzen Mosaik von Lösungsstrategien sein. Aber vielleicht ist es ein Stein, der richtig ist.

Nicht nur Klugheit und Maßhalten, sondern auch Mut ist gefragt, um aus den Krisen Chancen zu machen und gestärkt aus ihnen hervorzugehen. Der Mut, sich voller Kraft gegen die falschen

Bilder gelungenen Lebens zu stemmen und mit Zivilcourage für das einzutreten, was man selbst als richtig erkannt hat. Mut bedeutet auch die Bereitschaft, Konflikte einzugehen. Sich zu weigern, ohne nachzudenken mit der Masse mitzuschwimmen, oder einfach nur das zu tun, was man halt so tut. Mut bedeutet auch, dem öffentlichen und privaten Lamentieren etwas entgegenzusetzen. Nicht nur Mut, sondern auch Kraft gehört dazu, mit geradem Rückgrat seinen eigenen Weg zu gehen.

Welch starke Hoffnungen Menschen in uns hervorrufen können, die in diesem Sinn »tugendhaft« sind, zeigen weltweit die starken und ausgesprochen emotionalen Reaktionen auf Barack Obama. Man hat den Eindruck, dass er sich nicht scheut, die Wahrheit zu sagen – auch wenn die Wahrheit unbequem sein mag –, dass er mutig für das eintritt, was er richtig findet, auch wenn es persönliche Nachteile bringen könnte, und dass es ihm um Gerechtigkeit auch jenseits seiner Privatsphäre geht. Er scheint nicht nur die Steigerung des eigenen Lebensstandards und den Ausbau seiner persönlichen Macht im Blick zu haben. Natürlich möchte jemand, der Präsident der USA sein will, mächtig sein. Aber es ist ein entscheidender Unterschied, ob man die Macht um der Macht willen möchte oder ob man seine Macht dazu benutzen will, Dinge zu verändern. Und viele Menschen sind davon überzeugt, dass Obama seine Macht dafür verwenden wird. Allein die Tatsache, dass der neue US-Präsident den Eindruck von persönlicher Integrität vermittelt, bricht mit der pessimistischen, wenn nicht zynischen Auffassung, dass jeder, der sich in der Politik engagiert, korrupt sein müsse. Ganz unabhängig davon, wie einflussreich man selbst ist: Es ist diese im klassischen Sinn »tugendhafte« Haltung einzelner Menschen, die uns Mut und Kraft geben kann, selbst ein »tugendhafter« Mensch zu werden und so zu einer neuen, tieferen Zufriedenheit zu gelangen.

Prioritäten

In der Tradition des Jesuitenordens, dem ich angehöre, gibt es eine Liste von fünf Prioritäten, die im Leben helfen sollen, den Dingen den Platz einzuräumen, der ihnen der Sache nach zukommt. Vielleicht kann diese Liste auch dem einen oder der anderen von Ihnen eine Hilfe sein. Gerade in Zeiten von großer Anspannung – sei es durch viel Arbeit, sei es durch persönliche Krisen – hat mir diese Liste gute Dienste erwiesen.

Auf dem ersten Platz – die wichtigste Priorität also! – steht der Schlaf. Ohne regelmäßig genügend Schlaf zu bekommen, klappt nichts mehr so richtig. Wenn wir müde und unausgeruht sind, verliert das Leben an Tiefendimension. Dann funktionieren wir zwar vielleicht noch, können aber nicht mehr wirklich leben. Natürlich kann es Zeiten geben, in denen es schwierig ist, genügend Schlaf zu finden. Jeder, der kleine Kinder hat, weiß ein Lied davon zu singen. Aber auch für Eltern ist es wichtig, den fehlenden Schlaf so gut es eben geht nachzuholen und sich Gedanken darüber zu machen, wie man einigermaßen ausgeschlafen leben kann. Wer ständig unter Müdigkeit leidet, der wird auf Dauer kaum etwas von Wert zustande bringen.

Die zweite Priorität hat unser Körper. Regelmäßige Bewegung oder Sport, gesunde Ernährung – alles, was dem Körper hilft, in einem guten

Zustand, einer guten Verfassung zu bleiben. Ohne dass wir uns körperlich einigermaßen fit fühlen, gelingen auch die anderen Dingen im Leben nur schwer. Sich körperlich wohlzufühlen ist auch für unsere seelische Balance auf Dauer eine entscheidende Voraussetzung.

Auf dem dritten Platz der Liste steht das Gebet, die Meditation, die Zeit für Spiritualität und für Gott. Nicht jeder wird mit dieser religiösen Dimension etwas anfangen können, aber auch für Menschen, denen Spiritualität und Religion nichts bedeuten, kann zumindest ein wichtiger Aspekt dieser dritten Priorität verständlich gemacht werden. Es geht bei dieser Priorität auch darum, sich wirklich täglich eine Zeit zu nehmen, in der man sich selbst gehört und in der man einen Blick auf sein Leben wirft, so wie es ist. Momente, in denen man sich weder ausweicht noch von sich selbst ablenkt, sondern bei sich ist. In denen man über sich nachdenken kann. Ich kenne Menschen, die trotz eines harten Berufsalltags jeden Morgen zwanzig Minuten vor der Arbeit in einem Café sitzen und diese Zeit für sich allein nutzen. Anderen gelingt das auf der Fahrt zum Büro, wiederum anderen bei einem regelmäßigen Spaziergang.

Den vierten Platz nehmen die Beziehungen ein, die wir leben. Dabei sind die Menschen am wichtigsten, die uns am nächsten stehen, vielleicht unsere Familien oder unsere Lebenspartner, unsere guten Freunde oder Freundinnen. Entscheidend ist, mit ihnen zweckfrei, das bedeutet, ohne etwas von ihnen zu wollen, die Zeit zu verbringen und ihnen dabei unsere Zeit zu schenken. Das bedeutet natürlich nicht, dass man sich in eine vermeintlich heile Welt privater Beziehungen zurückziehen soll. Oft fliehen wir Beziehungen ja gerade, wenn sie anfangen, schwierig zu werden. Deswegen gehört es genauso dazu, Konflikte anzugehen, beispielsweise einen Streit aus der Vergangenheit zu bereinigen und offen miteinander zu sprechen.

Zuletzt folgt die Arbeit oder die Tätigkeit, der wir nachgehen. Sie gelingt dann am besten, wenn die ersten vier Prioritäten stimmen und wenn wir nicht etwa aus dem Beziehungsstress in die Arbeit flüchten, um von der Arbeit eine Erfüllung des Lebens zu erwarten, die sie außerstande ist zu geben.

Aus dieser Prioritätenliste zu folgern, dass wir besser länger schlafen und mehr Sport treiben sollten, als uns mit Freunden zu treffen und zu arbeiten, ist natürlich nicht richtig, aber sie kann uns bei unseren konkreten Entscheidungen helfen. Wenn ich übermüdet bin und mich frage, ob ich mich früh ins Bett legen oder noch Freunde treffen soll, dann ist es auf die Dauer besser, zu schlafen. Unsere Beziehungen und die Arbeit werden nur dann kontinuierlich gut gelingen, wenn wir auf unseren Körper hören. Und wenn wir uns ausreichend Zeit nehmen, um uns mit uns selbst zu beschäftigen und uns zu fragen, ob der Kompass unseres Lebens noch richtig ausgerichtet ist. Die fünf Prioritäten helfen dabei, selbst in Krisen immer wieder eine Balance in unserem Leben herzustellen.

Zu guter Letzt

Krisen sind auch Chancen. Ob wir die Chance ergreifen, aus Fehlern zu lernen und uns neu zu orientieren, liegt bei jedem Einzelnen. Dadurch sind die Krisen zwar noch nicht behoben, aber jeder von uns tut das, was in seiner Kraft liegt, um etwas daraus zu machen und zu lernen. Die Krisen zu Beginn unseres Jahrtausends, der Terrorismus, der Klimawandel und der Zusammenbruch der Finanzmärkte, konnten auch deswegen entstehen, weil wir uns von dem, was das Leben gelingen lässt, entfernt haben. Weil wir die richtigen Werte aus dem Blick verloren haben, die Werte, die unser Leben gelingen lassen. Die Krisen können dann zu Chancen werden, wenn wir nicht einfach so weitermachen wie bisher, als sei uns nur ein kleiner Unfall passiert, sondern wenn wir daraus Konsequenzen für unser Leben ziehen und uns neu orientieren – und zwar individuell und gesellschaftlich. Eine solche Neuorientierung ist vielleicht nicht immer ganz einfach, aber es gibt nichts im Leben, für das es sich so einzusetzen und zu leben lohnt. Immerhin geht es um unser Lebensglück. Und, wie man so schön sagt, wir haben nur dieses eine Leben. Machen wir also etwas daraus!

Und ich gehe jetzt erst einmal spazieren ...

ZABERT
SANDMANN

Weitere lieferbare Titel:

André Stern

»... und ich war nie in der Schule«

ISBN 978-3-89883-228-1

184 Seiten, 16,95 € [D], 17,50 € [A], 24,50 sFr

Arno & André Stern

Mein Vater – mein Freund
Das Geheimnis glücklicher Söhne

ISBN 978-3-89883-291-5

160 Seiten, 16,95 € [D], 17,50 € [A], 24,50 sFr

Maximilian Dorner

Mein Dämon ist ein Stubenhocker

Aus dem Tagebuch eines Behinderten

ISBN 978-3-89883-198-7

168 Seiten, 16,95 € [D], 17,50 € [A], 24,50 sFr

Thomas Multhaup

Von einem, der da ist, wenn die Seele Trauer trägt

ISBN 978-3-89883-240-3

160 Seiten, 16,95 € [D], 17,50 € [A], 24,50 sFr

Michael Bordt SJ (Hg.)

Was uns wichtig ist

oder warum die Wahrheit zählt

ISBN 978-3-89883-229-8

168 Seiten, 16,95 € [D], 17,50 € [A], 24,50 sFr

Dieses Buch umfasst zwölf Gespräche über die zentralen Fragen unserer Zeit. Alle Gesprächspartner sind Philosophen; die meisten von ihnen auch Jesuiten, darauf verweist das »SJ« hinter ihrem Namen. Es steht für »Societas Jesu«, »Gesellschaft Jesu«.

Der Herausgeber Michael Bordt SJ sagt: »Wir Jesuiten sind davon überzeugt, dass die Philosophie in unserer zunehmend säkularen und multireligiösen Gesellschaft immer wichtiger wird. Wie sollen wir die ungeheuren individuellen und gesellschaftlichen Herausforderungen bewältigen, vor denen wir am Beginn des dritten Jahrtausends stehen? Wir brauchen Impulse jenseits naturwissenschaftlicher Fakten und ökonomischer Marktmechanismen, wir brauchen geistige Anstöße, die auch in einer religiös und weltanschaulich vielfältigen Welt konsensfähig sind.«

Tiefgreifende Veränderungen entstehen aus einem Ringen um Wahrheit. Nur ein derartiges Ringen öffnet tatsächlich neue, kreative und innovative Wege in die Zukunft. Und nur damit werden wir überhaupt eine lebenswürdige Zukunft haben.

Wie ist es, plötzlich damit konfrontiert zu werden, einen geliebten Menschen zu verlieren? Wie ist es, mit ihm und für ihn um ein würdevolles Sterben zu ringen?

Petra Thorbrietz' Mann János starb an einer besonders aggressiven Form von Krebs. In den nur 112 Tagen zwischen Diagnose und Tod erlebte sie Phasen der Angst und Verzweiflung, aber auch der Hoffnung und Liebe. Sie lernte die Kälte des Gesundheitsbetriebs kennen, aber auch engagierte Menschen, die János und andere sensibel und mutig beim Sterben begleiteten:

»Mit diesem Buch habe ich versucht, Abschied von meinem Mann János zu nehmen. Aber es ist auch die Forderung nach einem humaneren Leben – bis zum Schluss. Geld und Politik, die Krise der Ärzte, Desinteresse, Angst und Vereinsamung sorgen dafür, dass die wenigsten in unserer Gesellschaft ein menschliches und würdevolles Ende finden. Wir müssen deshalb ein besseres Sterben durchsetzen – wenn uns das Leben lieb ist!«

»Näher geht es nicht«
Focus